BEI GRIN MACHT SICH IH WISSEN BEZAHLT

- Wir veröffentlichen Ihre Hausarbeit, Bachelor- und Masterarbeit

- Ihr eigenes eBook und Buch - weltweit in allen wichtigen Shops

- Verdienen Sie an jedem Verkauf

Jetzt bei www.GRIN.com hochladen und kostenlos publizieren

Sarah Ruhnau

Probleme der Darstellung des Holocaust - John Boyne, Ralph Giordano, Art Spiegelmann

GRIN Verlag

Bibliografische Information der Deutschen Nationalbibliothek:

Die Deutsche Bibliothek verzeichnet diese Publikation in der Deutschen Nationalbibliografie; detaillierte bibliografische Daten sind im Internet über http://dnb.d-nb.de/ abrufbar.

Dieses Werk sowie alle darin enthaltenen einzelnen Beiträge und Abbildungen sind urheberrechtlich geschützt. Jede Verwertung, die nicht ausdrücklich vom Urheberrechtsschutz zugelassen ist, bedarf der vorherigen Zustimmung des Verlages. Das gilt insbesondere für Vervielfältigungen, Bearbeitungen, Übersetzungen, Mikroverfilmungen, Auswertungen durch Datenbanken und für die Einspeicherung und Verarbeitung in elektronische Systeme. Alle Rechte, auch die des auszugsweisen Nachdrucks, der fotomechanischen Wiedergabe (einschließlich Mikrokopie) sowie der Auswertung durch Datenbanken oder ähnliche Einrichtungen, vorbehalten.

Impressum:

Copyright © 2011 GRIN Verlag GmbH
Druck und Bindung: Books on Demand GmbH, Norderstedt Germany
ISBN: 978-3-656-02294-7

Dieses Buch bei GRIN:

http://www.grin.com/de/e-book/179803/probleme-der-darstellung-des-holocaust-john-boyne-ralph-giordano-art

GRIN - Your knowledge has value

Der GRIN Verlag publiziert seit 1998 wissenschaftliche Arbeiten von Studenten, Hochschullehrern und anderen Akademikern als eBook und gedrucktes Buch. Die Verlagswebsite www.grin.com ist die ideale Plattform zur Veröffentlichung von Hausarbeiten, Abschlussarbeiten, wissenschaftlichen Aufsätzen, Dissertationen und Fachbüchern.

Besuchen Sie uns im Internet:

http://www.grin.com/

http://www.facebook.com/grincom

http://www.twitter.com/grin_com

Probleme der Darstellung des Holocaust: John Boyne, Ralph Giordano, Art Spiegelman

Schriftliche Hausarbeit

für die Bachelorprüfung der Fakultät für Philologie

an der Ruhr-Universität Bochum

(Gemeinsame Prüfungsordnung für das Bachelor/Master-Studium im Rahmen des 2-Fach Modells an der RUB vom 07.01.2001)

vorgelegt von

Ruhnau, Sarah

31.08.2011

Inhaltsverzeichnis

1 Einleitung   1

2 Schreiben nach Auschwitz
    2.1 Adorno und sein Diktum gegen das Schreiben nach Auschwitz   3
    2.2 Das historische Schreiben – der einzig angemessene Weg, den Holocaust zu literarisieren?   7

3 Literatur nach Auschwitz
    3.1 Die Memoiren – Ein Überlebender erinnert: Ralph Giordanos *Erinnerungen eines Davongekommenen*
        3.1.1 Erinnerungen als Zeugnis - Die Faktizität von Memoiren   9
        3.1.2 Die *Erinnerungen eines Davongekommenen*   12

    3.2 Der Roman – Der Holocaust in der Belletristik: John Boynes *Der Junge im gestreiften Pyjama*
        3.2.1 Die Kritik am Roman   15
        3.2.2 Bewertung des Romans hinsichtlich seiner Kritikpunkte   18

    3.3 Graphic Novel – Der Holocaust als Comic: Art Spiegelmans *MAUS*
        3.3.1 Die Gattung des Comics – dem Holocaust angemessen?   21
        3.3.2 Die Tiermetapher   24
        3.3.3 *MAUS* – fiktional oder non-fiktional?   26

4 Schluss   28

5 Literaturverzeichnis   32

1 Einleitung

„ Man kann nach Auschwitz nicht mehr atmen, essen, lieben, lesen [...]" (Böll zitiert nach Kiedaisch, 90), so drückte Heinrich Böll seine Gedanken und Gefühle gegenüber dem Holocaust aus. Deutlich wird, dass Auschwitz eine Zäsur darstellt; danach ist nichts mehr, wie es einmal war. Die alltäglichsten Dinge scheinen in diesem Licht nicht nur verändert, sondern gar unmöglich. So stellt sich schnell die Frage, inwieweit denn das Schreiben nach Auschwitz noch möglich ist, noch möglich sein kann. Gibt es überhaupt Worte für die Schrecken, die die Opfer der Shoah tagtäglich erleben mussten? Und wenn ja, darf man sich anmaßen, den Versuch zu wagen, dieses Grauen in Worte zu kleiden? Ein Wagnis, das wird es wohl immer bleiben. Aber ist es gerechtfertigt, jegliche Literatur, die sich mit diesem Thema beschäftigt, zu verdammen oder gar zu verbieten? Adornos oft zitiertes Diktum, Gedichte nach Auschwitz zu schreiben sei „barbarisch" (Kiedaisch, 49) ist zwar kein Verbot, wie er später feststellte, aber nichtsdestoweniger ein Rundumschlag gegen die Lyrik und bei genauerem Hinsehen auch gegen die Literatur und das Schreiben an sich.

Adornos These wurde vielfach diskutiert und kritisiert, fand aber auch einigen Zuspruch. Oft wurde sie aus dem Zusammenhang gerissen und als rigides Verbot verstanden und infolgedessen mit Empörung und Unverständnis quittiert. Sicher ist jedenfalls, dass dieser Satz nicht unbeachtet blieb, vielmehr erregte er die Gemüter in der deutschen Literaturwelt.

So möchte auch ich mich bei der Beurteilung drei ausgewählter Beispiele aus der Literatur, vorwiegend von Adornos Diktum leiten lassen. Dies soll allerdings nicht auf die berühmte These, es sei „barbarisch" (ibid) nach Auschwitz ein Gedicht zu schreiben, beschränkt sein, sondern auch seine späteren Reaktionen und Ausführungen diesbezüglich beinhalten.

Demgemäß soll im ersten Teil meiner Arbeit Adornos Ansicht über Literatur nach dem Holocaust genauer betrachtet werden. Nicht gänzlich ausgespart werden sollen aber auch die zahlreichen literarischen Reaktionen, in denen die Einstellung vieler deutscher Autoren deutlich wird. Das zweite Kapitel soll einen Überblick über die von Adorno geschilderte Problematik liefern, zugleich aber auch mögliche Grauzonen in Adornos Argumentation aufdecken.

Die drei Literaturbeispiele im dritten Kapitel wurden mit Bedacht gewählt. Über die literarische Verwirklichung der Erfahrung von Konzentrationslagern wurde meines Erachtens schon viel geschrieben, sodass sich in meiner Arbeit kein derartiges Werk finden lässt. Trotzdem möchte ich die authentische, auf Tatsachen beruhende Erzählung nicht gänzlich ausschließen, weshalb ich mich für die Memoiren Ralph Giordanos entschieden habe, die *Erinnerungen eines Davongekommenen*. Da seine Mutter Jüdin war, musste auch Giordano die stetigen Repressalien der Nazischergen fürchten und letztlich untertauchen, um ihnen zu entgehen. Dieses Lebenskapitel hat er in seinen Memoiren festgehalten.

Das zweite Werk, John Boynes *Der Junge im gestreiften Pyjama*, ist komplett fiktional. Darüber hinaus hat der aus England stammende Autor Boyne keinerlei persönlichen Bezug zum Holocaust. Die Untersuchung dieses Romans ist zum einen interessant, weil es sich hier, wie bereits erwähnt, um eine erfundene Geschichte handelt; der Holocaust wird daher Gegenstand der fiktionalen Belletristik. Zum anderen handelt es sich um ein Buch, das sich in erster Linie an Kinder und Jugendliche richtet. Der Holocaust taucht hier also als ein Thema von Kinder- und Jugendliteratur auf. Beide ‚Problematiken' sollen später weiter ausgeführt werden.

Bei dem dritten und letzten Werk, das in dieser Arbeit behandelt werden soll, handelt es sich um ein Graphic Novel, Art Spiegelman's *Maus*. Ist es legitim, einen Comic über den Holocaust zu verfassen? Dieser Frage soll in Sektion 3.3 nachgegangen werden. Kursorisch soll dabei auch der Aspekt beachtet werden, dass es sich bei Spiegelman um einen Überlebenden der zweiten Generation handelt.

Bei der Bewertung der drei Werke sollen auch die Autoren zu Wort kommen. Zu vielen der Aspekte, die ich in dieser Arbeit besprechen werde, haben sie sich in Interviews oder Buchbesprechungen geäußert. Diese Aussagen geben oftmals einen sehr guten Einblick in die Intentionen der Autoren und geben ferner über den Umgang mit häufigen Kritikpunkten Auskunft.

Ziel dieser Arbeit soll es letztlich sein, zu beurteilen, inwiefern die besprochenen Werke den Holocaust angemessen darstellen. Es ist bereits jetzt klar, dass ein literarisches Werk über den Holocaust diesem niemals gerecht werden kann. Trotzdem möchte ich zeigen, dass es Wege gibt, dem Schrecken Ausdruck zu verleihen, und das auf eine adäquate Art und Weise. „Die menschliche Sprache ist nicht zum Verstummen, sie ist zum Sprechen gedacht." (Schnurre zitiert nach Kiedaisch, 125). Was Wolfdietrich Schnurre hier so treffend ausdrückt, muss auch für die Literatur des Holocaust gelten, wenn sichergestellt sein will, dass dem Schrecken auch in Zukunft erinnert werden soll. Zu verstummen hieße zu resignieren.

2 Schreiben nach Auschwitz

2.1 Adorno und sein Diktum gegen das Schreiben nach Auschwitz

Wie bereits angeschnitten, wurde die These „nach Auschwitz ein Gedicht zu schreiben, ist barbarisch" (Adorno zitiert nach Kiedaisch, 49), oftmals aus dem Zusammenhang gerissen und ohne Zusätze oder Erklärungen zitiert. Auch wenn dieser Satz in seinen Ausführungen sicherlich am meisten heraussticht, kann doch nicht verleugnet werden, dass Adorno diese These nicht für sich stehen lässt und sie darüber hinaus 4 Jahre später im Jahre 1966 auch noch relativiert. Dieses Kapitel soll also dazu dienen, Adornos Diktum in seinem vollen Umfang zu verstehen.

Ich habe bereits erwähnt, dass Adorno nicht nur die Lyrik an sich meinte, sondern vielmehr die gesamte Literatur indirekt miteinbezog. Folgendes Zitat lässt dies deutlich werden: „Der Begriff einer nach Auschwitz auferstandenen Kultur ist scheinhaft und widersinnig und dafür hat jedes Gebilde, das überhaupt noch entsteht, den bitteren Preis zu bezahlen." (ibid, 53). Hier wird deutlich, dass er die Kultur als Ganzes meint. Er kritisiert sie nicht nur, er spricht ihr gar ihre Funktion ab, indem er feststellt, dass sie nur noch „scheinhaft", also gar nicht mehr wirklich vorhanden ist und darüber hinaus auch noch ihrem eigentlichen Zweck zuwider läuft. Der Ton dieser Aussage kommt der Ausgangsthese sehr nahe.

Das Zitat geht allerdings noch weiter und läutet einen anderen Ton ein: „Weil jedoch die Welt den eigenen Untergang überlebt hat, bedarf sie gleichwohl der Kunst als ihrer bewusstlosen Geschichtsschreibung. Die authentischen Künstler der Gegenwart sind die, in deren Werken das äußerste Grauen nachzittert." (ibid). Es wird schnell klar, dass der vormalige Rundumschlag gegen die Literatur hier deutlich abgemildert wird. Adorno gesteht sich ein, dass Kunst und Kultur nicht nur erlaubt, sondern gar notwendig sind. Hier ist aber schon eine Präferenz erkennbar: er spricht von „Geschichtsschreibung" und bezeichnet diejenigen Künstler als authentisch, die es schaffen, den Schrecken so wahrheitsgetreu wie möglich darzustellen. Dieser Aspekt zeigt auf, dass es ihm vordergründig um die Repräsentationsweise des Holocaust geht, und nicht etwa, wie von vielen angenommen, um die Darstellung an sich. (vgl. Freiburg & Bayer, 5 sowie Kröhler, 236). Folglich ist es erlaubt, den Holocaust literarisch darzustellen, dies muss aber auf eine – dem Thema angemessene Weise – geschehen.

Um Adornos radikale Denkweise besser zu verstehen, soll folgendes Zitat herangezogen werden:

> Aber indem es [das Leiden, SR], trotz aller Härte und Unversöhnlichkeit, zum Bild gemacht wird, ist es doch, als ob die Scham vor den Opfern verletzt wäre. Aus diesen wird etwas bereitet, Kunstwerke, der Welt zum Fraß vorgeworfen, die sie umbrachte. Die sogenannte künstlerische Gestaltung des nackten körperlichen Schmerzes […] enthält, sei's noch so entfernt, das Potential, Genuss herauszupressen. […] Durchs [sic!] ästhetische Stilisationsprinzip […] erscheint das unausdenkliche Schicksal doch, als hätte es irgendeinen Sinn gehabt […]. (Adorno zitiert nach Kiedaisch, 54).

Nach diesen Ausführungen scheint Adornos Ansicht gar nicht mehr so radikal, sondern wird deutlich nachvollziehbarer. Auch Freiburg und Bayer stellen sich die Frage, ob nicht die „Literarisierung des Grauens" die Opfer nur weiter demütigt. (Freiburg & Bauer, 14). Hauptsächlich geht es also darum, dass es schier undenkbar ist, dem Holocaust einen Sinn oder gar Unterhaltung im weitesten Sinne zu entlehnen. Kunst, inklusive der ihr zugehörigen Literatur verfolgt aber, je nach Werk, einen Sinn und genau dort liegt die Schwierigkeit. Den Holocaust als reine Vorlage für einen bewegenden Roman oder einen spannenden Film zu betrachten, wäre definitiv nicht nur unangemessen, sondern auch geschmacklos. (vgl. Young, 109) Daher zielt Adorno auf die Authentizität, bis hin zur „Geschichtsschreibung" (Adorno, 53) ab. Dies soll das alleinige Ziel von Holocaustliteratur sein: die traurige, eigentlich unglaubliche Wahrheit so exakt wie möglich darzustellen. Hier lässt sich ein erster Rechtfertigungsgrund seitens Adorno finden.

Eine weitere Rechtfertigung lässt sich wortwörtlich aus Adornos „Mediationen zur Metaphysik" finden: „ Das perennierende Leiden hat soviel Recht auf Ausdruck wie der Gemarterte zu brüllen; darum mag falsch gewesen sein, nach Auschwitz ließe kein Gedicht sich mehr schreiben." (Adorno zitiert nach Kiedaisch, 57). Nicht nur geht seine Aussage einem Widerruf seines Diktums nahe, Adorno ist sich außerdem darüber bewusst, dass vielen Opfern gerade die literarische Verarbeitung ihrer Leiden Linderung verschafft. Genauso wie seine ursprüngliche These radikal war, so gleicht seine Aussage jetzt fast einer Absolution: die Leiden dürften ausgedrückt werden. Der Vergleich mit einem Gemarterten macht weiter deutlich, dass Adorno sich darüber im Klaren ist, dass viele Opfer gar nicht anders können, als ihrem Leiden Ausdruck zu geben.

Offensichtlich ist nun, dass ein gewisses Paradoxon vorliegt. Einerseits besteht die Unmöglichkeit, den Holocaust überhaupt mit Worten zu beschreiben, andererseits herrscht die absolute Notwendigkeit, damit Opfer im Schreiben psychische Entlastung finden und darüber hinaus Zeugnis ablegen können. (vgl. Rosenfeld, 16). Für diesen Widerspruch scheint es weder eine Lösung noch einen Ausweg zu geben, er stellt jeden Autor vor die gleiche Schwierigkeit. Möglich ist aber auch, dass genau diese ‚Barriere' Autoren dazu zwingt, ihre Worte wie bei keinem anderen Thema abzuwägen und das Geschriebene immer wieder zu hinterfragen. Über den Holocaust zu schreiben wird nie einfach sein, und das sollte auch so bleiben.

Adornos Diktum ist aber weder für jegliche Kunst noch für jegliche Literatur aufgehoben. Er gesteht den Opfern zu, von ihrem Leiden zu berichten. Weiter legt er einen Fokus auf das historische Schreiben, das sich so genau wie möglich an die Fakten hält. Die Literatur, die auf Tatsachen beruht und von diesen berichtet, ist aber nur ein kleiner Teil der gesamten Literaturlandschaft. Was aber ist mit dem Rest? Auch wenn Adorno sein ursprüngliches Diktum bis zu einem gewissen Grad zurückgenommen hat, hat er an Radikalität nichts eingebüßt, was an folgendem Zitat erkennbar ist:

„Alle Kultur nach Auschwitz, samt der dringlichen Kritik daran, ist Müll. Indem sie sich restaurierte nach dem, was in ihrer Landschaft ohne Widerstand sich zutrug, ist sie gänzlich zu der Ideologie geworden, die sie potentiell war […] (Adorno zitiert nach Kiedaisch, 62).

Abfall, Überreste, Schund, Dreck; all diese sind mögliche Synonyme für Müll. Dass dieser Begriff mit ausschließlich negativen Assoziationen verbunden wird, kann nicht bestritten werden. Trotz seiner Drastik hat diese Beschreibung aber etwas Zutreffendes. Der Müll, das sind Reste, das ist das, was übrig geblieben ist. Dabei handelt es sich sicher nicht um schöne Überbleibsel, aber viel wichtiger ist, dass überhaupt noch etwas da ist. Adorno macht also darauf aufmerksam, dass die Kultur nicht gänzlich verschwunden oder gar untergegangen ist. Es sind noch klägliche Überreste vorhanden, die jedoch im Angesicht des Holocausts nicht mehr bestehen können.

Insgesamt kommt die Kultur aber alles andere als glimpflich davon. Im zweiten Teil des Zitats herrscht ein deutlich vorwurfsvoller Ton. Adorno verkehrt etwas eigentlich Positives, nämlich dass sich die Kultur nach dem Dritten Reich wieder erholte und präsenter wurde, in etwas Negatives. Für ihn ist es vollkommen unangemessen und empörend, dass sich die Kultur nach all dem Grauen wieder herstellen konnte. Er geht aber noch weiter indem er sagt, dass die Kultur nun ein Teil der Ideologie ist, die den Holocaust und die mit ihm verbundenen Grausamkeiten zu verantworten hat. Adorno ernennt die Kultur zum Komplizen der Mörder; eine Aussage, die an Radikalität kaum zu übertreffen ist. Indem Kunst und Kultur einen Neuanfang wagen, verraten sie die Opfer. Für Adorno darf es nicht nur, es kann gar keinen Neuanfang geben. Mit dieser negativen Einstellung ist Adorno nicht allein. Deutsche Autoren wie Peter Härtling oder Stefan Heym sind ebenfalls der Meinung, dass durch Auschwitz die „Grenzen der Wirkung der Literatur" erreicht sind. (Heym zitiert nach Kiedaisch, 136. Vgl. auch Härtling zitiert nach Kiedaisch, 102 f.).

Aber ist die Resignation wirklich die Lösung? Und was noch viel wichtiger ist: tut man den Opfern einen Gefallen, indem man ihr unerdenkliches Schicksal beoder gar verschweigt? So fragen auch Freiburg und Bayer was denn die „Alternative" wäre, wenn man sich entschließe, den Holocaust aus der Literatur zu verbannen (Freiburg & Bayer, 20). Die größte Gefahr wäre sicherlich, dass die Schrecken der Shoah nach und nach der Vergessenheit anheim fallen würden. (vgl. Hofmann, 15, Schlant, 22 et al.). Wenn niemand mehr darüber schreibt und berichtet, sei es auf Tatsachen beruhend oder fiktional, wie soll das Grauen dann in den Gedächtnissen der Menschen bleiben? Nicht leugnen kann man, dass die Zeitzeugen, nun bereits in einem hohen Alter, nicht mehr ewig unter uns weilen werden. In einer derartigen Situation gewinnt die Literatur an Gewicht, da nur noch sie die wirkliche Zeugenschaft übernehmen kann. Wenn die Zeugen nicht mehr leben, so hat doch zumindest ihr abgelegtes literarisches Zeugnis weiterhin Bestand, solange es nicht als unmoralisch oder inadäquat verworfen wird.

„Niemand erzählt meine Geschichte.", dieser Satz lässt sich im Tagebuch von Hilda Stern Cohen finden, die unter anderem im Ghetto Lodz und in Auschwitz leiden musste. Ihr Mann, der nach ihrem Tod das Tagebuch fand, veröffentlichte die Geschichte seiner Frau. (vgl. Kroneberg). Posthum wurde Cohens Wunsch also war, ihre Geschichte wird erzählt. Dies ist nur ein Beispiel dafür, wie sehr sich einige Überlebende das Erzählen ihrer ganz persönlichen Geschichte, oder besser ihres Martyriums, wünschen. Anders lässt sich auch die Vielzahl von Memoiren und biografischen oder autobiographischen Romanen über den Holocaust nicht erklären. Darüber hinaus wird immer wieder der Wille geäußert, Zeugnis abzulegen, für sich aber auch für all' die anderen Opfer, die es selber nicht mehr können, weil sie umgekommen sind.

Es ist also offensichtlich, dass die Literarisierung des Holocaust notwendig ist, für die Überlebenden selbst, aber auch für alle folgenden Generationen. Diese schreckliche Zäsur der Geschichte darf nicht vergessen werden. Vielmehr sollte man wohl jedes einzelne Werk über den Holocaust als individuelle Geschichte ansehen, die zwar nicht der Shoah als Ganzem gerecht werden kann, aber doch „die unzähligen kleinen Tragödien" enthüllt, aus denen der Holocaust nun mal gemacht ist. (Rosenfeld, 40).

2.2 Das historische Schreiben – der einzige angemessene Weg, den Holocaust zu literarisieren?

Im vorangegangenen Unterkapitel ist deutlich geworden, dass Adorno eine Präferenz für die Kunst hat, die den Holocaust möglichst authentisch repräsentiert. Auch gesteht er Überlebenden ein, ihren Leiden in der Literatur Ausdruck zu verleihen.

Fraglich ist nun, wie andere Literaturformen, die den Holocaust darstellen, zu bewerten sind. Wie ist es zu bewerten, wenn ein Überlebender einen Roman über die Shoah verfasst, der vielleicht fiktiv ist oder nur teilweise auf Tatsachen beruht? Oder, um noch einen Schritt weiterzugehen, ist es legitim, als nicht Betroffener das Grauen des Holocaust als Romanvorlage zu verwenden? Wie Adorno über diese Fragen gedacht hätte, kann nur vermutet werden. Trotzdem möchte ich im Folgenden genau diese Fragestellungen genauer beleuchten, um mich dann danach mit konkreten Literaturbeispielen zu beschäftigen.

Wolfgang Hildesheimer ist der Meinung, dass Romane und Dramen nicht mehr möglich sind, „weil sie die Dimension Auschwitz nicht berücksichtigen können." (Hildesheimer zitiert nach Kiedaisch, 99). Ein Roman sei einfach nicht in der Lage, den Holocaust adäquat darzustellen, denn er könne immer nur Teilaspekte beinhalten. Eine Konstruktion von Einzelfällen, die dem Leser „Identifikation" anbietet, ist in seinen Augen nicht angemessen. (vgl. ibid). Die Tatsache, dass ein einzelnes Werk niemals der gesamten Dimension des Holocaust gerecht werden kann, habe ich bereits angesprochen. Anstatt aber den unrealisierbaren Anspruch an ein literarisches Werk zu stellen, den Holocaust adäquat in seiner Gesamtheit darzustellen und damit „nach einer Literatur epischen Ausmaßes Ausschau zu halten", sollte man „lieber […] auf die Scherben und Fragmente" schauen, die von Einzelschicksalen erzählen. (Rosenfeld, 40). Die Shoah besteht aus diesen vielen individuellen Leidensgeschichten. Der einzelnen ihre Existenzberechtigung abzusprechen, hieße die Opfer weiter zu verhöhnen oder gar zu erniedrigen.

Weiter stellt sich aber auch die Frage, ob, unabhängig von der Herkunft oder Vergangenheit des Autors, der fiktive Roman eine angemessene Art ist, das Thema des Holocaust zu verarbeiten. Adorno und Hildesheimer würden dies gewiss verneinen, nichtsdestotrotz lassen sich mittlerweile auch viele durchweg fiktive Romane finden, die den Holocaust mehr oder weniger intensiv thematisieren. Muss man nun davon ausgehen, dass sie alle aufgrund ihrer Gattung illegitime Literarisierungen des Holocaust sind? Freiburg und Bayer stellen fest, dass „keine Gattung ihm [dem Holocaust, SR] formal angemessen sein kann." (Freiburg & Bayer, 15). Diese Aussage unterstützt die These, dass die Shoah niemals in ihrer vollen Reichweite wird repräsentiert werden können, unabhängig vom Medium oder auch von der literarischen Gattung. Ihre Dimension sprengt jegliche menschliche Vorstellungskraft und damit auch jede künstlerische Gestaltung. Den Roman deswegen zu verdammen, wäre also falsch. Er hat genauso wenig eine Chance den Holocaust voll zu erfassen wie alle anderen Repräsentationsmittel auch.

Weiter sollte bedacht werden, dass der Roman als Bindeglied dienen kann, und zwar zwischen dem geschichtlichen Vorkommnis des Holocaust und all denjenigen Lesern, die bisher keinen Bezug zu diesem Thema hatten. Ein Roman orientiert sich nicht zuletzt auch an seinen Lesern; „epische Elemente" machen die Erzählung spannender und erhalten die Neugier des Lesers. (vgl. Reiter, 167 ff.) Gut möglich ist es also, dass die Wahl der Romangattung zu einer größeren Leserschaft führt. Dies bedeutet wiederum, dass der Holocaust als Thema immer mehr Menschen ein Begriff sein wird und angesichts seines Horrors auch wohl nie vergessen werden wird. Kann dies etwas Negatives, Unangemessenes sein? Ich meine nicht. So wichtig die Exaktheit historischer Daten, Fakten und Berichte sein mag, so „tendiert [doch jegliche] Historisierung zur Abstraktion." (Friedländer, 16). Diese Abstraktion würde hingegen Leser eher abschrecken, sodass der Roman zwar den historischen Bericht nie und nimmer ersetzen, ihn aber durchaus ergänzen kann. Diese Ergänzung ist nicht per se unmoralisch oder illegitim. Nicht die Gattung bestimmt hier die Angemessenheit, vielmehr ist es die Umsetzung und die Repräsentation *im* Roman. (vgl. Kröhler, 236). Sich an den Versuch zu wagen, den Holocaust literarisch darzustellen und die eigene Sprachlosigkeit zu bekämpfen und eben nicht dem Schweigen zu verfallen, ist keine Anmaßung, es ist ein Zeichen, dass die Täter auch posthum keinen Sieg erringen konnten. (vgl. Rosenfeld, 22).

3 Literatur nach Auschwitz

3.1 Die Memoiren – Ein Überlebender erinnert: Ralph Giordanos *Erinnerungen eines Davongekommenen*

3.1.1 Erinnerungen als Zeugnis - Die Faktizität von Memoiren

„Leiden hat Recht auf Ausdruck" (Kiedaisch, 16). Der gleichen Meinung waren wohl viele Überlebende des Holocausts. Diesen Eindruck kann man zumindest nicht abwehren, wenn man sich die Zahl der Tagebücher und Memoiren von Opfern vor Augen führt. Ungleich der Werke von Boyne und Spiegelman, die ich später erläutern werde, soll es in diesem Kapitel also um die literarische Verarbeitung von eigens erlebten Erfahrungen, von Tatsachen gehen. Hauptsächlich leitet mich hierbei die Frage, inwiefern diese Zeitzeugenberichte als historisch exakt einzustufen sind und somit als historisches Beweismaterial gelten können. Seine Präferenz für historische Dokumente hat Adorno klar zum Ausdruck gebracht (vgl. ibid, 54 f.) und auch Aaron Appelfeld meint, es sei besser, die Zahlen und Fakten für sich sprechen zu lassen. (vgl. Appelfeld zitiert nach Freiburg, 1). Wie steht es aber um die vielen Berichte der Überlebenden, die sich doch so oft zwischen dem Status des Dokuments eines Zeitzeugens und der Prosa bewegen? Dieser Frage soll im Folgenden nachgegangen werden. Beispielhaft werde ich mich hier auf die Memoiren Ralph Giordanos beziehen.

Das Tagebuch ist eine häufig gewählte Gattung, um den Holocaust als Überlebender darzustellen. Ich habe mich aber dazu entschieden, Ralph Giordanos *Erinnerungen eines Davongekommenen* zu behandeln. Der Titel verrät schon, dass es sich hier sozusagen um einen rückwirkenden Bericht handelt. Giordano erzählt sein Leben in der Rückschau. Welchen Einfluss dies auf die historische Genauigkeit hat, soll später noch genauer beleuchtet werden.

Unumstritten ist wohl, dass ein Überlebender der Shoah wie kaum ein anderer vom Alltag des Horrors berichten kann. Trotzdem weist Friedmann darauf hin, dass auch solche Dokumente wie jede andere Quelle behandelt werden müssen, nämlich mit „kritische[r] Aufmerksamkeit" (Friedländer, 15. Vgl. auch Young, 57). Die Tatsache, dass es sich um einen Zeitzeugen handelt, sollte also die Grundeinstellung des Lesers erst einmal nicht beeinflussen, zumindest dann nicht, wenn er sich mit der historischen Faktizität eines Werkes auseinandersetzt. Feuchert weist auf die „größere emotionale Nähe" (Feuchert zitiert nach Hellwig, 16) hin, die bei persönlichen Erfahrungsberichten immer gegeben ist. Auch wenn dies für die Lesesituation an sich oftmals positive Effekte hat, wie zum Beispiel ein gesteigertes Leserinteresse oder eine größere Identifikationsbereitschaft, kann auch davon ausgegangen werden, dass durch die subjektive Schilderung Dinge übersehen oder falsch bewertet werden.

Da ich mich vertieft mit den Memoiren beschäftigen möchte, muss ferner gesagt werden, dass diese rückblickend und zumeist erst nach vielen Jahren oder Jahrzehnten geschrieben werden. Wenn keine eigenen Aufzeichnungen vorliegen, basieren diese Berichte auf Erinnerungen. Selbst wenn Tagebücher aus der Zeit vorliegen, müssen doch zumindest Dialoge häufig vom Autor rekonstruiert werden. Feuchert geht sogar so weit, zu behaupten, dass Dialoge „[…] in Autobiografien und Erinnerungsberichten letztlich erfunden [sind]." (ibid). Obwohl ich mich dieser etwas radikalen Aussage nicht völlig anschließen möchte, so muss doch eingeräumt werden, dass Erinnerungen in der Tat lückenhaft sein können. Darüber hinaus kann die große Zeitspanne zwischen dem eigentlichen Erlebnis und dem Niederschreiben desselbigen zu Problemen führen. (vgl. Segal, 65). Das Vergessen von Einzelheiten wird aufgrund der schrecklichen Einprägsamkeit der Geschehnisse in diesem Fall wohl weniger eine Gefahr sein. Aber indem man diese Erlebnisse aufschreibt, ist es kaum zu verhindern, dass auch eine eigene Bewertung mit einfließt. Solche Bewertungen können sich aber mit der Zeit ändern, was dazu führen kann, dass auch die schriftstellerische Darstellung anders ausfällt. Friedländer führt ferner an, dass das Aufschreiben an sich, auch wenn es sich um einen Tatsachenbericht handelt, trotzdem mehr oder weniger auf den Strukturen der Narration fußt. Diese beinhalten unter anderem das Auswählen von relevanten und irrelevanten Aspekten. (vgl. Friedländer, 67). Die Wirklichkeit kann demgemäß niemals ganz und gar abgebildet werden. Vielmehr sieht der Leser die Wirklichkeit durch die Augen des jeweiligen Autors.

Nicht zu vergessen ist die Sprachlosigkeit, mit denen sich viele Opfer konfrontiert sehen. Die Schrecken in Worte zu fassen, das ist nach wie vor eines der größten Probleme. (vgl. Reiter, 27, Rosenfeld, 15 et al.) Auch wenn man sein Leiden ausdrücken will, um sich so vielleicht Linderung zu verschaffen, so müssen doch erst einmal die „richtigen" Worte dafür gefunden werden; eine Anforderung, an denen sicherlich viele Überlebende scheiterten.

Trotz dieser Aspekte, die die historische Genauigkeit von Zeitzeugenberichten bis zu einem gewissen Grad einschränken, sind die Aufzeichnungen von Überlebenden aber nach wie vor die „unmittelbarsten Zeugnisse", die als Quellen „unersetzlich" sind. (Friedländer, 16. Vgl. auch Rosenfeld, 57). Wie keine andere literarische Gattung und kein anderes Dokument bieten diese von Einzelschicksalen berichtenden Werke einen Einblick in den, leider zumeist schwierigen und gefährlichen, Alltag jüdischer Bürger.

Anfangs habe ich schon angeschnitten, dass sich Tagebücher und Memoiren, trotz ihrer oftmals oberflächlichen Ähnlichkeit, sehr unterscheiden. Diese Differenz ist gerade bei der Betrachtung von Memoiren äußerst wichtig. Während das Tagebuch regelrecht aus der Situation heraus geschrieben wird, werden Memoiren mit der Kenntnis verfasst, wie die Geschichte ausgegangen ist. (vgl. Young, 58). Dies hat natürlich einige Konsequenzen, was das Schreiben betrifft. Zunächst einmal ist es nicht unwahrscheinlich, dass der Autor die Geschehnisse aus seiner aktuellen Sicht betrachtet oder diese zumindest doch einfließen lässt. Ferner kann der Schreiber den Ausgang seiner Geschichte nicht mehr ignorieren; ein Tagebuchschreiber ist diesbezüglich unwissend. Diese Tatsache beeinflusst selbstredend beide Textformen. „Arglosigkeit" wie Young es nennt, kann der Memoirenschreiber höchstens noch beschreiben, ungleich dem Tagebuchschreiber weiß er aber, dass sie zum damaligen Zeitpunkt unangebracht war. (vgl. ibid).

Wie der Name schon suggeriert, wird ein Tagebuch häufig von Tag zu Tag geschrieben; so werden die Ereignisse des Tages festgehalten. Macht sich jemand allerdings daran seine Memoiren aufzuschreiben, muss er sein Leben auf gewisse Art und Weise ordnen; eine Ordnung, die auf die Memoiren übergeht. Diese Ordnung findet in der Gegenwart statt und beeinflusst somit die darzustellende Vergangenheit. Letztlich handelt es sich also um eine „interpretierte Vergangenheit" (ibid, 59). Beim Lesen und Interpretieren jeglicher Memoiren, speziell wenn es um die Frage geht, inwieweit diese als historische Zeugnisse anzusehen sind, muss dies bedacht werden. Diese Aspekte müssen die Memoiren nicht an sich unglaubwürdiger als ein Tagebuch machen. Jedoch ist die Perspektive des Autors und letztlich auch des Lesers eine ganz andere.

3.1.2 Die *Erinnerungen eines Davongekommenen*

Nachdem ich nun die Merkmale der Memoiren erläutert und auch auf ihre Schwierigkeiten aufmerksam gemacht habe, möchte ich ein konkretes Beispiel genauer beleuchten.

Ralph Giordano ist ein deutscher Publizist und Schriftsteller, der aufgrund der jüdischen Herkunft seiner Mutter Lilly Giordano während des dritten Reiches von den Nazis verfolgt wurde und letztlich sogar mit seiner gesamten Familie untertauchen musste, um einem schlimmeren Schicksal zu entgehen. Seine Erfahrungen verarbeitete er schon vor seinen Memoiren literarisch, nämlich im Roman *Die Bertinis*, der in sehr vielen Aspekten auf das Schicksal der Familie Giordano zurückgeht. Erst im hohen Alter von 84 Jahren veröffentlichte er 2007 seine Memoiren, die *Erinnerungen eines Davongekommenen*. Mit diesem Werk möchte ich mich in diesem Kapitel genauer beschäftigen, speziell auch im Hinblick auf die im vorangegangenen Kapitel beschriebenen Schwierigkeiten. Da diese Arbeit allerdings die Holocaustproblematik behandelt, konzentriere ich mich auf das Kapitel 3 der Memoiren, „Hiob oder Das zweite Leben (1934-1945)", dass Giordanos Leben im Dritten Reich beschreibt.

Da ich nun schon das Inhaltsverzeichnis angesprochen habe, möchte ich auf den Aspekt der Ordnung zurückkommen, den ich im vorherigen Kapitel mit Bezug auf Young erwähnte. Auffällig ist, dass Giordano seine Memoiren in Kapitel aufteilt, die zum einen genaue Jahresangaben beinhalten und zum anderen, neben normalen Titeln, bis auf das erste und letzte Kapitel, sein Leben in weitere Leben einteilen: „Das erste Leben", „Das zweite Leben", etc. (Giordano, 5). Der Ordnungsaspekt, den Young beschrieben hat, ist hier definitiv gegeben. Nicht nur hat Giordano sein Leben retrospektiv in einzelne Abschnitte geteilt, er hat jedem Abschnitt zudem einen Namen, beziehungsweise Titel gegeben. Auch die Kapitel an sich sind weitestgehend chronologisch niedergeschrieben. Sicher ist also, dass Giordano seinen Memoiren eine genaue zeitliche Ordnung unterworfen hat. Dies war ihm nur möglich, weil er gleich einem allwissendem Erzähler einen Blick auf die Gesamtheit der Geschehnisse richten konnte. Eine derartige Ordnung könnte ein Tagebuchschreiber offensichtlich nur nachträglich vornehmen.

Beim Lesen der Memoiren wird immer wieder deutlich, dass der Autor die Geschehnisse in der Rückschau schildert. Er ist der allwissende Erzähler, der nun, zum Zeitpunkt des Niederschreibens, nicht nur den Ausgang der Geschichte kennt, sondern auch Hintergründe, Motive und vieles mehr. Er kann vorgreifen und Andeutungen machen. Dem Tagebuchschreiber bliebe hier nur Spekulation. Auch Giordano deutet mit Bedeutungsschwere immer wieder an, dass da „noch etwas kommt", dass die Schrecken des Geschilderten noch längst nicht alles sind, was er zu berichten hat. Dies ist beispielhaft an folgenden Textstellen erkennbar: nachdem er die so genannte Reichskristallnacht aus seiner Sicht geschildert hat, macht er folgende Feststellung: „Hier hatte eine *Generalprobe* stattgefunden. Wann immer es der Mörder bedurfte - sie waren zur Stelle." (ibid, 137). Auch macht er eine Andeutung über das Schicksal der eigenen Familie: „Mit dieser Nacht ist ein neues Zeitalter angebrochen, auch für das persönliche, das künftige Verfolgtenschicksal der eigenen Familie." (ibid, 135). Weiter stellt er, nachdem er von den Schikanen einiger seiner Mitschüler, die zur Hitlerjugend gehörten, berichtet hat, fest, dass diesen Schikanen „ […] bald ein zweites Lehrstück [folgte], ungleich fürchterlicher als das erste […]." (ibid, 147). Diese Zitate machen die zeitlichen Vorgriffe seitens des Autors deutlich. Die Tatsache, dass er die Vorkommen nun viel besser einordnen kann und deren Anfang und Ende kennt, lassen ihn das Geschehen anders, hier wohl bedeutungsschwerer, beurteilen. Genau diesen Aspekt meint Young wenn er sagt, dass „[…] vergangene Erfahrungen im Lichte der späteren [Erfahrungen, SR] in einen Kontext eingeordnet werden." (Young, 58). Durch sein Wissen kann der Autor es wohl kaum verhindern, derartige Aussagen oder zumindest Andeutungen in sein Werk aufzunehmen. Die gewonnenen Erkenntnisse und nicht zuletzt die eigene Lebensweisheit werden immer einen starken Einfluss auf das eigene Schreiben haben, selbst wenn der Vorsatz ist, die Erfahrungen möglichst wahrheitsgetreu und vor allem chronologisch aufzuschreiben.

Nicht zu leugnen ist, dass kein Mensch sich an alles erinnern kann. Erinnerungen können niemals vollkommen sein. Diese „Schwachstelle" ist Memoiren generell inhärent und das ist auch wohl nicht zu ändern. Unabhängig davon kommt noch hinzu, dass die Chroniken eines Einzelnen immer nur eine ‚Teilgeschichte" sind. (Friedländer, 102). Dieser Problematik ist sich Giordano aber durchaus bewusst. So stellt er in einem Interview fest, dass „kein Mensch allein […] in der Lage [ist], die Schrecken zu erfassen." (Giordano zitiert nach Böhme). Es scheint weiter, als akzeptiere er den gewissen Grad der Unzulänglichkeit eigener Ausdrucksfähigkeit und der Erinnerungen. Um sich seine Freilassung aus der Gestapoleitstelle zu erklären, stellt er Vermutungen an. Bevor er diese weiter erläutert, macht er den Leser aber darauf aufmerksam, dies sei reine „Spekulation". (Giordano, 144). Fehlen ihm in einer Situation die Worte, scheut er sich nicht, dies zuzugeben: als „der Klempner" bereitwillig seine Hilfe während des Untertauchens versichert, versagen Giordano die Worte: „Ich bin nicht fähig, hier aufzuschreiben, was dabei in mir vorging." (ibid, 226). Dass er diese „Unzulänglichkeiten" ohne Umschweife einräumt, spricht definitiv für seine Verlässlichkeit als Erzähler, bzw. Berichtender.

Trotz dieser „Lücken" überzeugt der Autor aber häufig durch messerscharfe Beschreibungen, die den Leser beinahe zweifeln lassen, dass das Beschriebene vor mehreren Jahrzehnten geschehen ist. Gerade weil Giordano sich an vieles so exakt erinnern kann, war das Schreiben der Memoiren sicherlich oft aufwühlend. Antisemitische Äußerungen seiner Spielgefährten kommentiert er wie folgt:

> Zur Stunde der Niederschrift ist dieser Moment über siebzig Jahre her, aber während ich dies in die Maschine gebe, laufen mir immer noch die kalten Schauder den Rücken herunter. (ibid, 102).

Diese Aussage macht deutlich, wie sehr die Erinnerung an derartige Geschehnisse den Autor immer noch verfolgt. Zumindest im Moment des Erinnerns fühlt er sich scheinbar in die Situation zurückversetzt. Wenn es um einschneidende Erlebnisse geht, wirkt Giordanos Gedächtnis oftmals beinahe fotografisch. So spricht er davon, dass er Momente vor seinem „inneren Auge" hat, „als wäre es gestern gewesen" oder macht darauf aufmerksam, dass diese „im Zeitraffertempo" ablaufen. (ibid, 109 und 208). Gerade wenn er Situationen bis ins kleinste Detail beschreibt, kann wohl davon ausgegangen werden, dass er sich an diese auch mit der gleichen Detailliertheit erinnert. Auch wenn er im Interview die Unzulänglichkeit von Erinnerungen einräumte, sprach er doch auch in einem anderen Gespräch von „Eindrücken totaler Unvergesslichkeit" (Giordano zitiert nach Oechsner, 1). Dies ist sicherlich einer der Hauptgründe, dass er in der Lage ist, gerade bedeutungsschwere Situationen äußerst exakt wiederzugeben.

Die Dialoge, die hin und wieder im Buch vorkommen, müssen sicherlich mit mehr kritischer Aufmerksamkeit gelesen werden. Dass ein halbseitiger Dialog, wie er beispielsweise auf Seite 209 zwischen Giordano und dem „Klempner" stattfindet, sich ganz genau so ereignet hat, ist unwahrscheinlich. Dass solch' ein Gespräch aber, wie Feuchert behauptet, komplett „erfunden" (Feuchert zitiert nach Hellwig, 16) sein soll, glaube ich indes nicht. Die Zeitperiode, die Giordano im zweiten Kapitel schildert, war eine, in der es für ihn und für seine Familie um Leben und Tod ging. Einen Alltag im herkömmlichen Sinne gab es im Grunde gar nicht. Man lebte, das ja. Aber es war ein Leben gekennzeichnet durch ständige Angst, ständiges auf der Hut sein. Das sich da selbst Dialoge (die mehr oder weniger wichtig gewesen sein müssen, schließlich werden keine irrelevanten Dialoge wiedergegeben) in die Erinnerung regelrecht einbrennen, ist meines Erachtens verständlich und nachvollziehbar. Dass für den genauen Wortlaut nicht gebürgt werden kann, ist hier nicht weiter problematisch. Wer Zahlen und Fakten braucht, wird sie in zahlreichen Geschichtsbüchern und Dokumenten finden. Memoiren wie die von Giordano sind vielmehr Zeugnisse des Alltags der Verfolgten. Derartiges wird in einem Geschichtsbuch kaum zu finden sein.

Giordanos Memoiren sind weiter interessant, weil sie eben nicht eine weitere KZ-Erfahrung und die damit verbundenen Leiden thematisieren. Giordano und seiner Familie blieb zwar die Inhaftierung in einem Lager erspart, das macht ihr Schicksal aber kaum weniger schlimm. Der Leser hat hier die Möglichkeit, das Schicksal eines Verfolgten nachzulesen, der sich verstecken musste, ständig begleitet von der Angst, entdeckt oder verraten zu werden. Hier wird also ein anderer Aspekt des Holocaustüberlebens gezeigt.

Immer wieder wurde von verschiedenen Autoren beschrieben, wie sehr es viele Überlebende danach drängt, Zeugnis abzulegen. (vgl. Young, 37 und 46, Reiter, 260 et al.) Auch Giordano berichtet im Interview, dass er schon während seines Martyriums im Dritten Reich immer wieder nicht nur den Wunsch, sondern vielmehr den Drang verspürte, seine Geschichte aufzuschreiben. So verwundert es auch nicht, dass er seine Memoiren als eine Art „Abschluss" empfindet. (Giordano zitiert nach Böhmer).

3.2 Der Roman- Der Holocaust in der Belletristik: John Boynes *Der Junge im gestreiften Pyjama*

3.2.1 Die Kritik am Roman

Trotz seines immensen Erfolgs, ist John Boynes Roman *Der Junge im gestreiften Pyjama*, der 2006 in Großbritannien erschien, nicht unumstritten. Aufgrund verschiedener Aspekte wurde er immer wieder kritisiert. Im Folgenden möchte ich genau diese Kritikpunkte aufgreifen und erläutern. Im Anschluss daran soll dann eine Bewertung erfolgen.

Auffällig ist zunächst, dass es sich bei dem vorliegenden Roman nicht um Belletristik für Erwachsene handelt. *Der Junge im gestreiften Pyjama* richtet sich in erster Linie an Kinder und Jugendliche. Auch wenn Boyne sich erst einmal gar nicht bewusst darüber war, einen Roman für junge Leser zu schreiben, so wurde sein Werk letztlich doch als solches eingeordnet. (vgl. Boyne zitiert nach Webb). Angesichts des schrecklichen Hintergrunds, vor dem der Roman spielt, ist es nicht verwunderlich, dass viele Kritiker diesen Stoff in der Kinder- und Jugendliteratur für ungeeignet, bisweilen gar als zu bedrückend und monströs abtaten. Trotz alledem gehört dieser Aspekt aber nicht zu den Hauptkritikpunkten. Die Tatsache, dass der Holocaust ein historisches Faktum ist und Boyne das Geschehen bis zum Schluss aus der kindlichen Perspektive seines Protagonisten Bruno schildert, schwächt diese Beanstandung sicherlich ab.

Am deutlichsten hat wohl der Rabbi Benjamin Blech seine Abneigung gegenüber Boynes Roman zum Ausdruck gebracht. Nicht nur prangert er an, dass Boynes Fabel historisch inakkurat ist, er geht sogar so weit zu behaupten, dass *Der Junge im gestreiften Pyjama* den Holocaust verfälscht und verzerrt darstellt. (vgl. Blech). Empört ist er über die Figur des jüdischen Schmuel, der mit seinen 9 Jahren im KZ inhaftiert ist, wo doch jüdische Kinder zumeist sofort ihren Weg in die Gaskammern antreten mussten, da sie zur Arbeit im Lager nicht fähig waren. Empörung auch darüber, dass die beiden Jungen sich ungestört am Lagerzaun treffen können; dass es letztlich sogar möglich ist, unter diesem Zaun hindurch zu kriechen, der so ganz ohne Strom und Wachposten auskommt. Weiter empfindet er die Tatsache, dass der kleine Bruno trotz der Nähe zum KZ keine Ahnung vom Judenmord hat, als blanken Hohn. (vgl. ibid). Blech verurteilt den Roman also in erster Linie, weil er es nicht dabei belässt, sich an historische Fakten zu halten, sondern diese der Romangeschichte anpasst und den Holocaust somit in Blechs Augen nicht unerheblich verfälscht. Fraglich ist nur, ob dieser Anspruch der umfassenden Wahrheit und genauen Übereinstimmung mit der Historie, an eine Fabel, wie John Boyne sein Werk schließlich nennt, gestellt werden kann. Darüber hinaus ist zu fragen, ob der Roman aufgrund von etwaigen historischer Schwächen, als illegitime Darstellung des Holocaust betrachtet werden muss. Bevor ich mich aber mit diesen Fragen in 3.2.2 beschäftige, möchte ich noch einmal auf allgemeine Kritikpunkte an fiktionalen Holocaustromanen eingehen.

Blech hält das Schreiben von Holocaustliteratur für eine „sakrale Mission" (ibid. Vgl. auch Reiter, 15). Der jeweilige Autor hat eine ungeheure Verantwortung; nicht nur sich gegenüber, sondern auch gegenüber den Opfern, die nicht mehr Zeugnis ablegen können. Weiter ist er der Auffassung, dass man die historischen Fakten so exakt wie möglich darstellen muss. (vgl. ibid). Boyne hat nun nicht nur einen komplett fiktionalen Roman über die Shoah geschrieben, er ist außerdem weder Jude noch hat er einen persönlichen Bezug zum Holocaust. Er verarbeitet also keine eigenen Erfahrungen, kein Schicksal von Verwandten. Der Holocaust diente hier, man muss es so sagen, als Inspiration zu einem Roman. Diese Vorstellung ist mehr als unbequem, sie stößt auf und ist nicht leicht zu akzeptieren. Dient der Holocaust als Inspiration für Kunst, so scheint es, als würde man ihm einen Sinn entnehmen können, vielleicht gar eine Art Daseinsberechtigung. (vgl. Hofmann, 9, Reiter, 171 und Rosenfeld, 38). Die Tatsache, dass Boyne selbst keine persönlichen Erfahrungen mit dem Holocaust machen musste und das Leiden somit nicht aus erster Hand kennt, verschärft diese Problematik. So weißt auch Schlant darauf hin, dass zwischen „jüdischen und nichtjüdischen Autoren, was die Bedingungen ihres Schreibens und die in ihrem Werk sichtbaren Perspektiven betrifft, der Abgrund des Holocaust klafft." (Schlant, 17). Unabhängig von seinen schriftstellerischen Intentionen und seinem daraus resultierendem Werk hat Boyne es also deutlich schwerer, den Holocaust literarisch darzustellen. Hiermit stellt sich eine weitere Frage: darf man den Holocaust als Unbeteiligter, als Nicht-Opfer, literarisieren? Auch auf diese Frage möchte ich in 3.2.2 versuchen, eine Antwort zu finden.

Abschließend möchte ich noch auf einen weiteren Aspekt eingehen, der von Alvin Rosenfeld beschrieben wurde. Ein Roman orientiert sich, wie bereits erwähnt, am Leser. Die Neugierde muss geweckt und erhalten bleiben. Weiter sind epische Elemente wichtig, die den Roman spannend und interessant machen. Jeder Autor wünscht sich wohl, dass der eigene Roman Bestsellercharakter hat. *Der Junge im gestreiften Pyjama* ist definitiv ein Bestseller und das sogar weltweit. Er muss also etwas an sich haben, dass die Leser fesselt, etwas Packendes, Mitreißendes. Rosenfeld weist aber auf die Gefahr hin, die Holocaustliteratur durch „pathetische Rhetorik" oder ähnliches „noch zusätzlich [zu] dramatisieren […]" (Rosenfeld, 17). Ist es dann erlaubt, in Anlehnung an den Holocaust einen zum einen fiktionalen und zum anderen auch noch einen überaus fesselnden Roman zu schreiben, den die Leser nicht aus der Hand legen können? Oder unterstützt man dadurch eher eine Art späten

Voyeurismus, der sich am geschilderten Schrecken ergötzt? Eine weitere Frage, die im kommenden Kapitel behandelt werden soll.

3.2.2 Bewertung des Romans hinsichtlich der Kritikpunkte

Zunächst einmal stellt sich also die Frage, ob es angemessen ist, ein derartiges Werk an Kinder und Jugendliche zu richten. Darauf angesprochen, macht Boyne aber direkt darauf aufmerksam, dass er das Buch eben nicht als reines Kinder- und Jugendbuch sieht, sondern es für jedermann geschrieben wurde. (vgl. Boyne zitiert nach Webb). Fraglich bleibt aber weiterhin, ob die Geschichte nicht deutlich zu harsch für Kinder ist. Die Tatsache, dass das Buch durchweg aus Brunos kindlicher Perspektive geschildert ist, ist hier wohl das stärkste Konterargument. Auch wenn das Ende höchst ergreifend und erschreckend ist, so ist der Rest der Geschichte doch trotzdem äußerst behutsam und sanft erzählt. Viele der implementierten Schrecken werden wohl nur erwachsenen Lesern auffallen, da sie über ein weitaus größeres Hintergrundwissen verfügen.

Darüber hinaus ist zu bedenken, dass ein jedes Kind früher oder später mit dem Holocaust konfrontiert wird. Spätestens in der Schule wird es davon hören. Boyne hat sicherlich einen außergewöhnlichen Weg gewählt, um von der Shoah zu erzählen. Aber so erschließen sich komplett neue Leserschaften und selbst der Kritiker Blech gibt zu, dass „die Stimme der Jugend […] extrem effektiv [ist]." (Blech). Weiter macht Boyne darauf aufmerksam, dass Kinder einen viel unschuldigeren Blick auf Sachverhalte haben; Rassismus und Hass sind erst einmal Konzepte, die sie weder kennen, noch befolgen. (vgl. Boyne zitiert nach BBC Book Club).

Deutlich größer ist wohl die Kritik an der historischen Ungenauigkeit des Romans. Dass einige Aspekte des Buches als unwahrscheinlich oder bisweilen gar als unwahr eingestuft werden müssen, kann kaum bestritten werden. Auch Boyne selbst gibt zu, dass die Geschichte im Ganzen „unrealistisch" ist. (ibid). Es gilt allerdings zu beachten, dass das Werk von Vornherein als Fabel bezeichnet wird. (vgl. Boyne, 3). Für eine genaue Beschäftigung mit der Fabelgattung ist hier kein Platz, trotzdem möchte ich kurz auf diesen Aspekt eingehen. Eine Fabel hat niemals einen Wahrheitsanspruch. Schon die Übersetzung des lateinischen Nomens *fabula* zeigt dies an: es handelt sich um eine Erzählung oder Sage. Vielmehr will die Fabel belehren, das Ende beinhaltet meistens eine involvierte Moral. Sicher ist, dass Boyne einen Roman geschrieben hat, der Fakten und Fiktion vermischt. Geht die Fiktion aber zu Lasten der Fakten? Ich meine nicht. Es stimmt: dass ein neunjähriger Junge ein Jahr lang im KZ überlebt, ist unwahrscheinlich. Ein Lagerzaun ohne Strom und Bewachung ist undenkbar. Diese Ungenauigkeiten verhindern aber nicht, dass Boyne den eigentlichen Kern des Holocaust vermittelt; nämlich den Horror, die Schrecken, das unwürdige Leben der Insassen und zu guter Letzt die nicht in Worte fassbare Ungerechtigkeit, Menschen aufgrund ihrer Herkunft oder Religion schlechter als Tiere zu behandeln und schlussendlich zu töten. Diese Erkenntnis kommt nicht zuletzt durch die kindliche Perspektive im Buch zum Tragen. Für Bruno ist Schmuel ein gleichaltriger Freund, mit dem er sich bestens versteht; Religion und Herkunft spielen hier keine Rolle. Schmuel hingegen ist sich der Situation natürlich mehr bewusst. Folgende Textstelle macht die Einstellung der beiden Kinder deutlich. Nachdem die beiden Parallelen hinsichtlich ihres Alters und ihres Geburtstags festgestellt haben, äußert sich Bruno so: „ >>Wir sind Zwillinge<< sagte Bruno. >>Ein bisschen<<, stimmte Schmuel zu." (ibid, 138).

Kröhler stellt weiter fest: „[…] wichtig ist nicht die Trennung, sondern die Vereinheitlichung der Bereiche Historie und Erzählen." (Kröhler, 239). Solange geschichtliche Fakten nicht vollkommen verzerrt oder verfälscht dargestellt werden und davon ausgegangen werden kann, dass die fiktiven Elemente dem Schrecken so weit es geht angemessen sind und der Geschichte „gut tun", d.h. eine größere Leserschaft einbringen oder den Zugang zum Thema erleichtern, sollte diesen Werken nicht die Daseinsberechtigung abgesprochen werden. Auch Freiburg und Bayer meinen, dass Literatur geradezu „prädestiniert […] dazu [ist], als Komplementärsystem der Historiographie ‚Anschauungsunterricht' zu geben, wo die Faktizität des Zahlenmaterials sich im Abstrakten zu verlieren droht." (Freiburg & Bayer, 21. Vgl. auch Friedländer, 104). Dass der Holocaust eigentlich gar nicht zu beschreiben ist, wurde bereits festgestellt. Er ist so unfassbar und unglaublich, dass einem schier die Worte fehlen. „Kann man den Holocaust ohne Mythen (Romane, etc.) überhaupt darstellen?" fragt daher James E. Young (Young, 22). Sicher scheint zumindest, dass fiktive Elemente die Sprachlosigkeit teilweise überbrücken können und dass die Fiktion an sich die Erinnerung an den Holocaust in Zukunft gewährleisten wird.

Die nächste Frage bezog sich auf Boynes persönlichen Hintergrund. Wie bereits erwähnt, ist er weder Jude noch hat er einen persönlichen Bezug zum Holocaust. Sollte man es den Opfern überlassen, Holocaustliteratur zu schreiben? Boyne weist darauf hin, dass er keinen Holocaustroman, sondern einen Roman über Freundschaft geschrieben habe. (vgl. Boyne zitiert nach BBC Book Club). Obwohl Freundschaft das Hauptthema des Buches ist, so kann dies doch nicht darüber hinwegtäuschen, dass der Holocaust mindestens eine ebenso große Rolle spielt.

Nicht geleugnet werden kann weiter, dass es nur noch wenige Holocaustüberlebende gibt, die sich alle bereits in einem hohen Alter befinden. Es wird also in einer leider nicht allzu langen Weile eine Zeit kommen, in denen es keine Zeitzeugen mehr gibt und demgemäß auch keine Zeitzeugenberichte mehr, seien sie fiktional oder nicht. Der Holocaust soll und muss aber weiterhin in den Köpfen der Menschen bleiben. Es muss weiter daran erinnert werden, wenn nicht noch einmal so etwas oder Ähnliches passieren soll. Für Feuchert ist es daher klar, dass es zwingend zu einer „Literarisierung und Fiktionalisierung des Holocaust kommen muss", auch durch Nicht-Opfer. (Feuchert zitiert nach Hellwig, 16). Nur so kann sichergestellt werden, dass die Shoah weiterhin ein Thema der Literatur und der Künste insgesamt, bleiben wird.

Es bleibt der letzte Vorwurf: führt ein komplett fiktiver Roman, der den Horror des Holocaust thematisiert, zu einem geschmacklosen Voyeurismus? Wird in derartigen Romanen gar eine gewisse Sensationsgier oder Schaulustigkeit befriedigt? Es ist eher schwer, Menschen beim Lesen des Buches zu beobachten. Aus eigener Erfahrung kann ich aber sagen, dass viele derjenigen, die sich die Verfilmung der Geschichte angesehen haben, sich alles andere als wohlig gruseln oder sich am gezeigten Schrecken, der speziell am Ende des Films deutlich wird, ergötzen. Vielmehr sieht man geschockte, regelrecht entgeisterte Gesichter, die nicht fassen können, was da auf der Leinwand passiert. Kaum vorstellbar ist es, dass ein Leser die Geschichte einfach so abtut, als wäre es nur irgendein Roman der Unterhaltungsliteratur. Dafür berührt das Ende viel zu sehr. So schrecklich es auch sein mag, Schmuels Tod wurde sicherlich von vielen Lesern vorausgeahnt. Aber dass auch Bruno zusammen mit seinem Freund sterben muss, ist für viele ein großer Schock. Nichtsdestotrotz wird das Ende aber nicht ausgeschlachtet oder in schockierenden Details ausgekostet. Dies ist z.B. erkennbar an der Textstelle, die das Sterben der beiden Jungen beschreibt: „Dann wurde es sehr dunkel im Raum, und trotz des darauffolgenden Chaos merkte Bruno, dass er Schmuels Hand immer noch festhielt und ihn nichts in der Welt dazu bewegen konnte, sie loszulassen." (Boyne, 263). Das behutsame Erzählen, hauptsächlich ausgelöst durch die kindliche Perspektive, dass sich wie ein roter Faden durch das ganze Buch zieht, wird bis zum Schluss fortgeführt.

„Literatur darf alles und muss alles dürfen.", so deutlich drückt es Professor Feuchert aus. (Feuchert zitiert nach Hellwig, 16). Auch wenn die Literatur hinsichtlich Moral, Ethik und Geschmack sicherlich ihre Grenzen hat, beziehungsweise haben sollte, hat Feuchert doch insofern Recht, als dass der Literatur immer die Möglichkeit gegeben sein sollte, zu versuchen, auch das Unsagbare in Wörter zu kleiden ohne dabei auf Zensur oder Verbote zu stoßen. Die Fiktionalisierung, solange sie auf angemessene Weise geschieht, muss hier genauso möglich sein wie der Zeitzeugen-, bzw. Opferbericht. Sem-Sandberg spricht hier von der „Freiheit der Literatur […], von den Fakten noch einen Schritt weiterzugehen." (Sem-Sandberg zitiert nach Hellwig, 16). Generell sollte nicht die fiktionale Literarisierung per se verurteilt werden. Viel wichtiger ist es, einen Blick darauf zu werfen, *wie* diese Fiktionalisierung vorgenommen wurde. Anstatt sich auf die Gattung zu konzentrieren, muss also die Präsentation bei der Bewertung in den Vordergrund rücken. (vgl. Reiter, 172 und Hofmann, 11). Ob fiktional oder nicht, ob Opfer oder Unbeteiligter, wie wurde der Holocaust im Werk dargestellt und repräsentiert? Das muss die Leitfrage bei der Beurteilung von Holocaustliteratur sein.

3.3 Graphic Novel – Der Holocaust als Comic: Art Spiegelmans *MAUS*

3.3.1 Die Gattung des Comics – dem Holocaust angemessen?

Obwohl *MAUS* von Kritikern zumeist in den höchsten Tönen gelobt wurde und Spiegelman sogar den Pulitzerpreis dafür erhalten hat, war es doch zunächst überraschend, dass es nach den vielen Literarisierungen des Holocaust nun auch einen Cartoon über eben diesen gab. Ob Adorno diese Gattung als der Shoah angemessen gehalten hätte, bleibt zu bezweifeln. Nichtsdestotrotz möchte ich in diesem Kapitel herausstellen, dass Spiegelman's *MAUS* sich dem Thema in durchaus adäquater Weise genähert hat.

Für Spiegelman selbst war es selbstverständlich, dass er die Geschichte seiner Familie in einem Comic darstellen würde. An dieser Kunstform war er schon immer interessiert und brachte darüber hinaus eine Comiczeitschrift heraus. (vgl. Brown, 91 und Young, 670). Was für ihn selbstverständlich war, war für viele andere allerdings erst einmal gewöhnungsbedürftig. Besonders im Zusammenhang mit der Tiermetapher, die ich im folgenden Kapitel behandele, kamen Zweifel auf, ob es so überhaupt möglich war, den Holocaust nicht nur angemessen, sondern auch realistisch abzubilden.

Dass das Beschreiben des Holocaust äußerst schwer oder gar unmöglich ist, ist bereits deutlich geworden. Worte scheinen oftmals schlichtweg nicht auszureichen. In diesem Fall zusätzlich auf Bilder zurückzugreifen und diese für sich sprechen zu lassen, ist keine schlechte Idee. (vgl. Reiter, 24 und Rothberg, 670). Wo Worte scheitern, können Bilder vielleicht noch etwas ausrichten. Young fasst dies treffend zusammen, wenn er sagt: „Words tell one story, pictures another." (Young, 676). Die Kombination von beidem, wie wir sie in *MAUS* finden, vereint sowohl die Ausdruckskraft der Worte als auch die der Bilder. Auch wenn der Text in einem Comic naturgemäß begrenzt ist, so lassen die wenigen Worte häufig doch mehr erahnen als lange Beschreibungen und seitenweise Dialoge. „Comics gehören zur Kunst der Andeutung." (Brown, 95). Genau diese Andeutungen sind es letztlich, die den Leser zu weiterem Nachdenken bewegen.

Weiter zeugt es von großer charakterlicher Stärke, dass Spiegelman als Sohn eines Überlebenden (und damit indirekt Betroffenen), in der Lage ist, die Familiengeschichte so distanziert zu betrachten, dass er mit dem Verfassen eines Comics „zurückschlagen" kann. Dass er die Familiengeschichte, oder besser gesagt, die Familientragödie, mit einer gewissen Art von Humor sehen kann, zeugt von Größe. Natürlich ist *MAUS* kein lustiger Comic, trotzdem tauchen aber immer wieder komische oder zumindest groteske Situationen auf. Spiegelman überspitzt Dinge und verwendet Ironie und schwarzen Humor. (vgl. Huyssen, 81). De Pres ist ferner der Meinung, dass gerade das Schreckliche durch das Überspitzen darstellbar gemacht werden kann. (vgl. de Pres, 218).

Wenn auch auf ungewöhnliche Weise, so hat sich Spiegelman nicht nur daran gewagt, den Holocaust zu literarisieren, er hat ihn zudem auf eine vollkommen neue Art und Weise bebildert. Für Doherty ist die Shoah in *MAUS* sehr reell und anschaulich dargestellt worden. (vgl. Doherty, 75). Auf den ersten Blick sehen die Figuren zwar nicht menschlich aus, abgesehen davon zeichnet sich der Comic aber durch große Detailtreue und Exaktheit aus. In einem Interview erklärt Spiegelman, dass ihm diese visuelle Genauigkeit sehr wichtig war. Ihm war es zuwider, etwas zu zeichnen, dass er selbst niemals gesehen hatte. Die Folge waren ausschweifende Recherchen in Büchern, Fotoalben und letztlich begab er sich sogar vor Ort. (vgl. Spiegelman zitiert nach Brown, 97). Obwohl es sich um Zeichnungen handelt, hat sich der Autor folglich sehr bemüht, der Realität möglichst nahe zu kommen.

Fraglich ist nun also noch, inwiefern Spiegelmans Werk als historisch korrekt betrachtet werden kann. Über diese Fragestellung könnte eine gesamte Abhandlung geschrieben werden; aufgrund der Länge meiner Arbeit kann ich mich hier aber nur kursorisch damit beschäftigen. Fakt ist, dass *MAUS* weitestgehend auf die Erinnerungen von Vladek Spiegelman, Arts Vater, zurückgeht. Fakt ist weiter, dass Erinnerungen einer einzelnen Person niemals der Exaktheit und Verlässlichkeit eines Geschichtsbuchs entsprechen können. Außergewöhnlich ist nun, dass Spiegelman sich dieser Tatsache voll und ganz bewusst ist. Besonders *MAUS II* spielt hier eine große Rolle, da in diesem Buch z.B. andere Überlebende zu Wort kommen, die Vladek in einigen Dingen widersprechen und somit seine nur natürliche Unzuverlässigkeit als Zeitzeuge verdeutlichen. (vgl. Brown, 93). Spiegelman versteckt diese Tatsache also nicht, vielmehr weist er beinahe explizit darauf hin. Er ist sich bewusst darüber, dass er niemals die Geschichte der 6 Millionen Toten erzählen kann; er erzählt lediglich die Geschichte seines Vaters, die nicht nur auf seine Erinnerungen, sondern auch auf das, was er überhaupt erinnern will, basieren. (vgl. Spiegelman zitiert nach Brown, 97). Für Brown ist es Spiegelmans größte Errungenschaft, nicht einmal zu versuchen, das „große Bild" darzustellen und die Leser mit der schrecklichen Erkenntnis zurückzulassen, dass man den Holocaust niemals ganz verstehen, niemals ganz wird erfassen können. (vgl. Brown, 95).

Spiegelman ist zwar durch seinen Vater vom Holocaust betroffen, trotzdem kann er die Erinnerungen seines Vaters mit deutlich mehr Distanz niederschreiben, als sein Vater es könnte. Darüber hinaus scheut er sich wie gesagt nicht davor, die Erinnerungen seines Vaters hinsichtlich ihrer historischen Korrektheit anzuzweifeln. Möglicherweise ist es genau diese Tatsache, die sein Werk so vertrauenswürdig macht. (vgl. Young, 676 und Brown, 96).

Nicht vergessen sollte man außerdem den Aspekt, dass das Comicgenre „ganz neue Leserschichten" (Freiburg & Bayer, 21) eröffnet hat, die wohl sonst kaum an Holocaustliteratur geraten wären. Durch *MAUS* wurde diesen Lesern ein Einstieg in die Thematik geboten.

Blickt man auf Adornos Ausführungen zurück, in denen er befürchtete, dass die Kultur aus Auschwitz eines Sinn oder gar Genuss herausfiltern würde, so kann gesagt werden, dass dies im Fall von Spiegelmans *MAUS* nicht der Fall ist. Da es sich um einen Cartoon handelt, liegt der Fokus hauptsächlich nicht auf Sprache und Ausdruck. Generell schreibt Spiegelman sehr simpel und klar. Weder lassen sich mitleidheischende Untertöne noch sensationslüsterne Beschreibungen finden. Obwohl der Leser natürlich spürt, wie verzweifelt Artie ist und wie sehr die Familie immer noch durch Vladeks Erfahrungen beeinflusst wird, ist doch keine Manipulation seitens des Autors erkennbar. Ferner ist nicht ersichtlich, dass der Leser das Lesen des Buches auf irgendeine Art und Weise genießen soll. Eher scheint es so, als wolle Spiegelman sich die Geschichte von der Seele schreiben und seine Leser gleichzeitig zum Nachdenken bewegen.

Dass Spiegelman der Geschichte oder gar dem Holocaust insgesamt einen Sinn abgewinnen möchte, hat sich ebenfalls nicht herausgestellt. Fast das Gegenteil ist der Fall, wenn man bedenkt, dass z.B. Vladek nicht als heroischer Überlebender repräsentiert und auch deutlich negativ betrachtet wird. (vgl. Rothberg, 665). Arties Selbstzweifel und Probleme und die generelle Tatsache, dass der Holocaust immer noch das Familienleben bestimmt, bleiben auch nicht außen vor. Anstatt den Holocaust zu trivialisieren oder zu verklären, versucht Spiegelman ihn so realistisch wie möglich darzustellen.

3.3.2 Die Tiermetapher

Allein die Tatsache, dass Spiegelman die Gattung des Comics ausgewählt hat, ist schon außergewöhnlich genug. Hinzu kommt aber noch, dass er sich außerdem für Tiere als Protagonisten entschieden hat. Bedenkt man Adornos berühmte These, ist dies durchaus ein Wagnis. Warum Spiegelman diese umfassenden Tiermetaphern herangezogen hat, ist nicht gänzlich klar, ein paar seiner Leitgedanken sind allerdings bekannt.

In einem Interview nach diesem Thema gefragt, antwortete Spiegelman, dass die Tiere für ihn ein Weg waren, Distanz zu der sehr persönlichen Geschichte aufzubauen. (vgl. Spiegelman zitiert nach Modlinger, 249). Immerhin erzählt der Autor hauptsächlich die Geschichte seiner eigenen Familie. Wie an einigen Stellen im Buch deutlich wird, war dies schwer genug. Hätte Spiegelman in diesem Comic auch noch visuell Familienmitglieder und sich selbst dargestellt, wäre wohl die letzte Distanz und Privatsphäre verloren gegangen. Davon abgesehen war es durch die Tierköpfe (bzw. die späteren Tiermasken) möglich, die Charaktere sehr viel allgemeiner darzustellen. Spiegelman sieht die Figuren als Masken, auf denen der Leser seine eigenen

Ideen und Vorstellungen projizieren kann. (vgl. Spiegelman zitiert nach Doherty, 7). Ihre Gesichter sind weder speziell noch individuell, sondern sehr simpel gezeichnet. Dies passt zur Situation im Konzentrationslager. Die dort Inhaftierten wurden nicht als Individuen gesehen. Die Menschen wurden in Gruppen geteilt und gehörten zu den „Juden", „Kommunisten" oder „Zigeunern". Darüber hinaus waren sie nur eine große Gruppe von minderwertigen Personen, die bekämpft und letztlich sogar getötet werden sollten. Auch die Deutschen oder die Alliierten wurden als jeweilige Gruppe gesehen. Die Deutschen waren zumeist die Gruppe der Bösen, während zum Beispiel die Amerikaner, je nach Standpunkt, die Retter oder Feinde waren. Auch wenn es sicherlich Ausnahmen gab, so bestand dennoch eine Tendenz zur stetigen Klassifizierung und Gruppierung von Menschen.

Ferner nahm Spiegelman sich selbst die Möglichkeit, Stereotypen zu malen. Passend wäre es doch eigentlich, die Deutschen als sehr brutal und barbarisch zu zeichnen. Die Geschichte hat aber gezeigt, dass dies oftmals nicht stimmt. Besonders in den Lagern wurde deutlich, dass sich Grausamkeit und Brutalität nicht selten hinter einem freundlichen oder vielleicht sogar schönen Gesicht verstecken können. Das Aussehen einer Person gibt also selten Aufschluss auf den Charakter. Folglich war es gar nicht nötig, den Figuren in *MAUS* ein individuelles Äußeres zu geben.

Es stellt sich weiter die Frage, warum Spiegelman die Juden als Mäuse repräsentiert. Zu Anfang von *MAUS I* zitiert Spiegelman Hitler mit folgender Aussage: „Es ist ja wohl nur recht und billig, die Welt von einer minderwertigen Rasse zu befreien, die sich wie Ungeziefer vermehrt." (Hitler zitiert nach Spiegelmann, 2). Der Vergleich der Juden mit Ungeziefer macht deutlich, dass sie nicht mehr als Menschen, sondern eher als Tiere angesehen wurden. (vgl. Modlinger, 249 und Young, 687). Spiegelman adaptiert diesen Rassismus. Seine Mäuse sind im Stil von Philipp Rupprecht gemalt, der hauptsächlich für seine antisemitischen Karikaturen in *Der Stürmer* bekannt war. Der Unterschied hier ist aber, dass Spiegelmans Mäuse aufrecht gehen und so auf ihre eigentliche Menschlichkeit hinweisen. (vgl. Doherty, 4 und Huyssen, 75). Durch die Übernahme dieses rassistischen Konzepts schlägt Spiegelman die Nazis regelrecht mit ihren eigenen Waffen.

Zu guter Letzt sollte man nicht vergessen, wie Menschen normalerweise mit Mäusen umgehen. Im Allgemeinen genießen die Tiere wenig Beliebtheit und werden nicht selten ausgemerzt, vorzugsweise durch Gift. Auch Juden wurden bis zu einem gewissen Grad, auch wenn sie letztlich erstickten, vergiftet. Hier besteht daher eine weitere Parallele.

Trotz alle dem scheinen die Tiere, die im Buch die Charaktere darstellen, nicht gleichwertig zu sein mit anderen Tieren. Deutlich wird dies, wenn zum Beispiel Anja und Vladek in einem Keller mit Ratten konfrontiert werden. Anja hat Angst und Vladek versucht sie zu beruhigen, indem er ihr versichert, es seien nur Mäuse. (vgl. Spiegelman, 147). Die Tatsache, dass „echte" Tiere auftauchen, zeigt dass die Figuren im Buch eigentlich als Menschen gesehen werden sollen.

Die Tiermetapher war für Spiegelman sicher eine Hilfe, das darzustellen, was eigentlich gar nicht darstellbar ist. (vgl. Young, 687). Indem er die Vorgänge verzerrt und bisweilen gar trivialisiert, gelingt es ihm so nahe wie möglich an die Realität heranzukommen. So vermeidet er einerseits eine geschmacklose barbarische Darstellung und weist andererseits indirekt auf die Problematik der Darstellung von Auschwitz hin. (vgl. Huyssen, 74).

3.3.3 *MAUS*- fiktional oder non-fiktional?

Nachdem ich nun ein non-fiktionales und fiktionales Werk besprochen habe und diese Tatsache wesentlich in deren Beurteilung eingeflossen ist, soll diese Frage auch hinsichtlich Spiegelmans *MAUS* nicht unbeachtet bleiben. Schnell stellt sich allerdings heraus, dass die Beantwortung dieser Frage hier etwas schwieriger, oder zumindest komplizierter ausfällt.

Für Spiegelman selbst stand es eigentlich gar nicht zur Debatte, ob sein Werk als fiktional oder non-fiktional einzuordnen sei. Zunächst wurde ihm diese Entscheidung aber sowieso von seinen Herausgebern abgenommen, die *MAUS* auf die Bestellerliste für fiktionale Literatur setzten. In einem Leserbrief reagierte der Autor sichtlich empfindlich: "If your lists were divided into literature and non-literature I could gracefully accept the compliment as intended, but to the extent that ‚fiction' indicates a work isn't factual I feel a bit queasy." (Spiegelman zitiert nach Doherty, 2). Offensichtlich ist, dass Spiegelman mit der fiktionalen Einordnung seines Werkes nicht einverstanden ist. Schließlich gründet *MAUS* auf das Leben und die Erfahrungen seines Vaters Vladek Spiegelman. Darüber hinaus erfahren wir im Buch auch sehr viel über Arties Leben, der als Protagonist zwar nicht mit Art Spiegelman gleichzusetzen ist, ihn aber doch bis zu einem gewissen Grad darstellt. Daher kann es nicht richtig sein, *MAUS* als komplett fiktionales Werk anzusehen.

Die Hauptthemen des Buches sind Schuld, das Überleben und Glück. Diese Themen waren, beziehungsweise sind auch relevant für Spiegelmans Leben. Das Leben seines Vaters Vladek ist von Auschwitz mehr als geprägt, es verfolgte ihn bis zum Tod. Es kann nicht geleugnet werden, dass die Erfahrungen des Vaters auch Einfluss auf Spiegelman selbst hatten. Aber vor allem auch der Suizid seiner Mutter, der auf ihre Holocausterfahrungen zurückzuführen ist und dem Sohn letztlich den Anstoß für *MAUS* gab (vgl. Huyssen, 184), der Tod seines Bruders Richieu, der in Auschwitz starb und die schwierige Beziehung zum Vater, ließen alle drei Aspekte, Schuld, Überleben und Glück zu wichtigen Themen in Spiegelmans Leben werden. Schuldig fühlt er sich, weil sein Bruder Richieu, der zwar nur indirekt aber in der Familie trotzdem permanent anwesend ist, sterben musste, während er selbst leben darf. Vladeks Existenz ist durch das Überleben von Auschwitz geprägt. Das Glück hierbei eine Hauptrolle spielte, ist an folgender Textstelle erkennbar. Als der Psychiater Pavel Artie fragt, ob er stolz auf seinen Vater sei, weil dieser das Lager überlebt habe, antwortet dieser: „[…] er hat auch 'ne Menge Glück gehabt. (Spiegelman, 45). Hier ist die Bedeutung von Glück nicht rein positiv. Natürlich hat das Glück Vladek bei seinem stetigen Kampf ums Überleben geholfen. Gleichzeitig war er sich aber auch bewusst darüber, dass dieses Glück ihm durch reinen Zufall zuteil wurde, was große Schuldgefühle in ihm hervorrief. Er wusste, dass viele andere weniger Glück hatten.

Aber nicht nur Vladek, sondern auch Artie wird immer wieder aus verschiedenen Gründen von Schuldgefühlen gequält. So fühlt er sich beispielsweise schuldig, weil er die Geschichte seines Vaters für ein Buch verwendet hat. Die schrecklichen Erfahrungen seines Vaters führten zu Arties ersten beruflichen Erfolg. Pawel macht ihn auf dieses Problem aufmerksam:

Artie: Hauptsächlich erinnere ich mich an die KRÄCHE…Und dass er mir andauernd vorhielt, ich wäre nicht so toll wie er.
Pawel: Und jetzt, wo du Erfolg hast, hast du ein schlechtes Gewissen, weil du deinen Vater widerlegt hast. (ibid, 44).

Aber Arties Schuldgefühle beziehen sich nicht allein auf seinen Vater, sondern sind auch von genereller Natur: „Artie: Was auch immer ich schaffe, es scheint so wenig zu sein im Vergleich zum Überleben von Auschwitz." (ibid). Es scheint also, als setze Artie jegliche seiner Errungenschaften in Relation mit dem Überleben von Auschwitz. Dies ist natürlich eine Anforderung, die er nicht erfüllen kann.

Deutlich ist jedenfalls, dass auch Spiegelman selbst mit derartigen oder ähnlichen Gefühlen zurechtkommen musste. Seine Forderung, MAUS als non-fiktionales Werk zu sehen, ist daher nur folgerichtig und gerechtfertigt. Die Tatsache, dass er Menschen mit Tierköpfen, bzw. Tiermasken als Protagonisten einsetzte, ändert nichts daran, dass die Geschichte, die er erzählt, leider eine wahre ist.

4 Schluss

Fest steht, dass auch nach dieser Arbeit das Schreiben von Holocaustliteratur eine heikle Angelegenheit bleiben wird. Dass Schriftsteller auch in den kommenden Jahren und Jahrzehnten nicht „einfach so" einen Holocaustroman schreiben können, ohne auf verhältnismäßig viel Misstrauen und strengere Kritik zu stoßen, ist kaum zu bestreiten. Die Grauen der Shoah zu literarisieren wird Autoren auch weiterhin vor mehr Schwierigkeiten stellen als einen Roman einer anderen Gattung zu verfassen. Genau diese Hürden sind es aber, die letztlich sicherstellen, dass sich dem Thema angemessen angenähert wird. Anstatt angesichts der moralischen oder ethischen Restriktionen schweigend zu resignieren, sollte man diese vielmehr als Leitfaden verstehen, die dabei helfen, den Holocaust eben doch auf angemessene Weise darzustellen.

Eine wichtige Erkenntnis dieser Arbeit ist die Tatsache, dass es nicht so sehr auf die Literarisierung der Shoah an sich ankommt, sondern eher auf die Art und Weise der Repräsentation des Holocausts *in* der Literarisierung. Sollte die Darstellung der Schwere des Themas angemessen sein und – soweit es das Thema zulässt, ästhetisch sein, sollten derartige Werke keineswegs als illegitim verworfen werden. Genauso wenig wie die Holocaustliteratur mit anderer Literatur gleichgesetzt oder verglichen wird, ist es meiner Meinung nach nur folgerichtig, dass auch die Bewertungskriterien andere sind. Besonders was die inhärente Ästhetik eines Werkes betrifft, müssen andere Maßstäbe gelten. Der Holocaust war alles andere als ästhetisch, die höchste Anforderung, die ein Autor in diesem Fall erreichen kann, ist die realitätsnaheste Darstellung der Wirklichkeit, die ihm möglich ist. Der klassische Ästhetikbegriff wäre hier fehl am Platz.

Weiter denke ich, dass ich in meiner Arbeit genügend Gründe angeführt habe, den Holocaust eben nicht zu be- oder gar zu verschweigen. Dass den Opfern die Möglichkeit gegeben sein muss, ihr Leiden auch literarisch auszudrücken ist mehr als einmal deutlich geworden. Selbst Adorno war sich dieser Notwendigkeit bewusst. Auch der Wunsch, für sich und für andere Opfer Zeugnis abzulegen, wurde erwähnt. Es sollte somit deutlich geworden sein, dass die Literatur der Zeitzeugen, welcher Gattung sie sich auch bedienen, als Quellen des alltäglichen Lebens „unersetzlich" sind. (Friedländer, 16). So gibt uns Giordano trotz der im Allgemeinen unvollkommenen menschlichen Erinnerung einen sehr guten Einblick in sein damaliges Leben, indem er mit den ständigen Repressalien des Dritten Reichs konfrontiert war. Ohne auf historischer Faktizität zu beharren, schafft er es doch, glaubwürdig aus dieser Zeit zu berichten.

Aber auch fiktionale Werke, die von unbeteiligten Autoren verfasst wurden, sollte die Existenzberechtigung nicht abgesprochen werden. Sicherlich begegnen diesen Autoren noch mehr Zweifel und Misstrauen, da sie den Holocaust als literarische Inspiration verwenden. Diese Skepsis ist in sofern angebracht, als dass hier noch viel mehr auf eine angemessene Darstellung geachtet werden muss, da in diesem Fall nicht nur die Realität abgebildet wird. Trotzdem gibt es Wege, die Shoah auch fiktional adäquat darzustellen, nämlich dann, wenn die Literarisierung zunächst mit der nötigen Vorsicht vorgenommen und die Würde der zahllosen Opfer bewahrt wird. Darüber hinaus sollten historische Fakten nicht verzerrt oder gar verfälscht dargestellt werden, zumindest nicht derart, dass ein komplett falsches Bild entsteht. Einige der angeführten Kritikpunkte hinsichtlich John Boynes *Der Junge im gestreiften Pyjama* sind durchaus zutreffend. Besonders die von Elech angeprangerten historischen Schwachstellen lassen sich nicht leugnen. Nun ist es allerdings so, dass genau diese wenigen Schwachstellen der Botschaft und dem Kern des Buches nicht entgegenlaufen. Nicht nur sind die Schrecken des Konzentrationslager weiterhin in all' ihrem Ausmaß ersichtlich, auch wird der groteske Rassengedanke der Nazis mit seinem gesamten Grauen deutlich. Ohne reißerisches Schreiben schafft Boyne es, diese Aspekte durch Brunos kindliche Perspektive darzustellen. Es scheint fast, als hätten gerade die historischen Schwachstellen dem Buch zu seinem immensen Erfolg verholfen; bewegt die Leser doch die Tatsache noch viel mehr, dass die beiden Protagonisten unschuldige Kinder sind, die sich täglich am Lagerzaun treffen und schlicht Freunde sein wollen.

So überraschend Spiegelmans Wahl hinsichtlich der Gattung für seine Literarisierung des Holocausts sein mag, bei genauerem Hinsehen stellt man schnell fest, dass der Holocaustcomic *MAUS* gar nicht so skandalös ist. Es ist deutlich geworden, dass Spiegelman es durchaus geschafft hat, trotz der besonderen Gattung den Holocaust angemessen darzustellen. Da Worte allein letztlich sowieso unzulänglich sind, ließ er zusätzlich Bilder sprechen. Durch die Tiermetaphern zeigt er nicht zuletzt, wie tiefgründig sein Werk eigentlich ist und schlägt die Rassenideologie der Nazis quasi mit ihren eigenen Waffen. Indem er ein Graphic Novel schreibt, kann er ein Stück weit Distanz und somit auch seine Privatsphäre wahren, schreibt er doch die Geschichte seiner Familie auf.

Mit kleinen Einschränkungen komme ich also zu dem Schluss, dass die drei besprochenen Werke auf ihre individuelle Art durchaus in der Lage sind, den Holocaust adäquat darzustellen. Auch wenn *Der Junge im gestreiften Pyjama* und *MAUS* eher ungewöhnliche Werke sind, kann man sie doch als legitimen Bestandteil der Holocaustliteratur sehen. Unabhängig davon, dass auch sie nur Teilgeschichten repräsentieren, zeigen sie durch die Wahl ihrer Gattung doch auch neue Facetten zum Thema auf.

Der Holocaust stellt definitiv eine Zäsur da, die das Leben auf der Welt verändert hat. Diese Zäsur darf nicht verschwiegen oder gar ignoriert werden. Um die Erinnerung aufrechtzuerhalten, ist die Literatur regelrecht prädestiniert dafür, literarisch ein Mahnmal aufzustellen. Nur wenn man die zunehmende Fiktionalisierung dieses Themas akzeptiert, kann sichergestellt sein, dass auch zukünftig kommenden Generationen an den Holocaust erinnern und diese Erinnerung weiter aufrechterhalten wird.

Weiter sollte man nicht den Anspruch an Autoren stellen, den Holocaust in seiner Ganzheit zu erfassen und wiederzugeben. Dies wird niemals möglich sein. Sowieso ist es menschlich, nicht in der Lage zu sein, das gesamte Grauen in Worte zu fassen.

So radikal Adornos Thesen teilweise waren, er machte doch als einer der ersten explizit auf die Schwierigkeiten der Literatur nach Auschwitz aufmerksam. Auch wenn die Empörung bei vielen Autoren groß war, so wurden sie wohl doch für die Schwere des Themas sensibilisiert, wenn sie es nicht schon waren. Wie bereits erwähnt, kann nicht gesagt werden, was Adorno von den besprochenen Werken gehalten hätte. Es gilt jedoch zu bedenken, dass zwischen den Äußerungen des Philosophen und dem heutigen Tage mehr als 40 Jahre liegen. Das Trauma Auschwitz kann sicherlich niemals überwunden werden, trotzdem waren die Wunden deutlich frischer, als Adorno sein Diktum bekannt gab. Eine Fiktionalisierung nur ein oder zwei

Jahrzehnte nach dem Holocaust wäre demgemäß ganz anders zu bewerten als ein fiktionales Werk aus der heutigen Zeit. Abgesehen davon sollte hinreichend deutlich geworden sein, dass zumindest die genannten Autoren sich dem Holocaust literarisch adäquat genähert haben.

Wenn man das Vergessen verhindern möchte, darf man „[…] sich einem moralischen oder ästhetischen Imperativ […], der das Beschweigen des Holocaust gebietet, [nicht beugen. Dies] wäre gleichbedeutend mit der Anerkennung ebenjener Barbarei, für die Auschwitz als grauenerregendes Beispiel steht." (Schlant, 22).

5 Literaturverzeichnis

Primärliteratur

Boyne, John. *Der Junge im gestreiften Pyjama*. Frankfurt am Main: Fischer, 2007.

Giordano, Ralph. *Erinnerungen eines Davongekommenen*. Köln: Kiepenheuer & Witsch, 2007.

Spiegelman, Art. *MAUS*. Hamburg: Rowohlt, 2004.

Spiegelman, Art. *MAUS II*. Hamburg: Rowohlt, 1999.

Sekundärliteratur

Bayer, Gerd & Freiburg, Rudolf (Hg.). *Literatur und Holocaust*. Würzburg: Königshausen & Neumann, 2009.

Brown, Joshua. Of Mice and Memory. In: *Oral History Review* 16 (Spring 1988): 91-109.

Des Pres, Terrence. Holocaust Laughter? In: Lang, Berel. *Writing and the Holocaust*. New York: Holmes & Meier, 1988, 216-234.

Friedländer, Saul. *Den Holocaust beschreiben*. Weimar: Wallstein Verlag, 2007.

Helwig, Heidrun. *Literatur darf alles und muss alles dürfen. Ein Gespräch mit Sven Sem-Sanberg*. In: Giessener Anzeiger, 31.07.2010, S.16.

Helwig, Heidrun. *Weiter über den Holocaust erzählen. Ein Gespräch mit Dr. Sascha Feuchert*. In: Giessener Anzeiger, 27.01.2011, S.16.

Hofmann, Michael. *Literaturgeschichte der Shoah*. Münster: Aschendorff Verlag, 2003.

Huyssen, Andreas. Of Mice and Mimesis. Reading Spiegelman with Adorno. In: *New German Critique* 81 (Autumn 2000), 65-82.

Kiedaisch, Petra. *Lyrik nach Auschwitz? Adorno und die Dichter*. Stuttgart: Reclam, 2006.

Kröhle, Birgit. *Geschichte und Geschichten: Die literarische Verarbeitung von Auschwitz-Erlebnissen*. Bad Honnef: Bock + Herchen, 1989.

Kroneberg, Georg. *Niemand erzählt meine Geschichte: Überlebende des nationalsozialistischen Terrors schreiben sich ihr Martyrium von der Seele*. In: Frankfurter Rundschau, 26.04.2004.

Modlinger, Martin. Historical Truth and the Art of Emplotment: Hayden White's Geschichtskonzeption und Art Spiegelmans *Maus*, in: Bayer, Gerd. *Literatur und Holocaust*. Würzburg: Königshausen & Neumann, 2009: 237-267.

Reiter, Andrea. *Auf daß sie entsteigen der Dunkelheit: Die literarische Bewältigung von KZ-Erfahrung*. Wien: Löcker, 1995.

Rosenfeld, Alvin. *Ein Mund voll Schweigen: Literarische Reaktionen auf den Holocaust*. Göttingen: Vandenhoeck & Ruprecht, 2000.

Rothberg, Michael. We were talking Jewish: Art Spiegelman's Maus as >Holocaust< Production. *Contemporary Literature* 35.4 (Winter 1994): 661-687.

Schlant, Ernestine. *Die Sprache des Schweigens*. München: C.H. Beck, 2001.

Segal, Lore. Memory: The Problems of Imagining the Past. In: Lang, Berel. *Writing and the Holocaust*. New York: Holmes & Meier, 199-211.

Young, James E. *Beschreiben des Holocaust*. Frankfurt am Main: Jüdischer Verlag, 1992.

Young, James E. The Holocaust as Vicarious Past. Art Spiegelman's MAUS as Afterimages of History. In: *Critical Inquiry* 24.3 (Spring 1993), 666-699.

Internetquellen

BBC World Book Club: *Interview with John Boyne,* 6.03.2010
http://www.bbc.co.uk/podcasts/series/wbc/all (10.08.2011).

Blech, Benjamin. *This well-meaning book ends up distorting the Holocaust*. In: http://www.aish.com/ci/a/48965671.html. (01.08.2011).

Böhmer, Rita. Interview mit Ralph Giordano auf artmetropol.tv (Februar 2008). http://artmetropol.tv/mediadetails.php?key=d3a440f223a32d72de32&title=Ralph+Giordano+-+Humanist%2C+Autor+und+Journalist+im+Interview (17.08.2011).

Oechsner, Hans. *Interview mit Ralph Giordano im Alphaforum,* 9.10.2007, http://www.br-online.de/download/pdf/alpha/g/giordano.pdf (11.08.2011), 1-11.

Webb, Sarah. *Interview with Children's Author John Boyne (2006.)* http://www.sarahwebb.info/childrens-books-John-Boyne.html (10.08.2011).